Sekundarstufe

Eckhard Berger

Paul Klee

Anmalen und weitergestalten

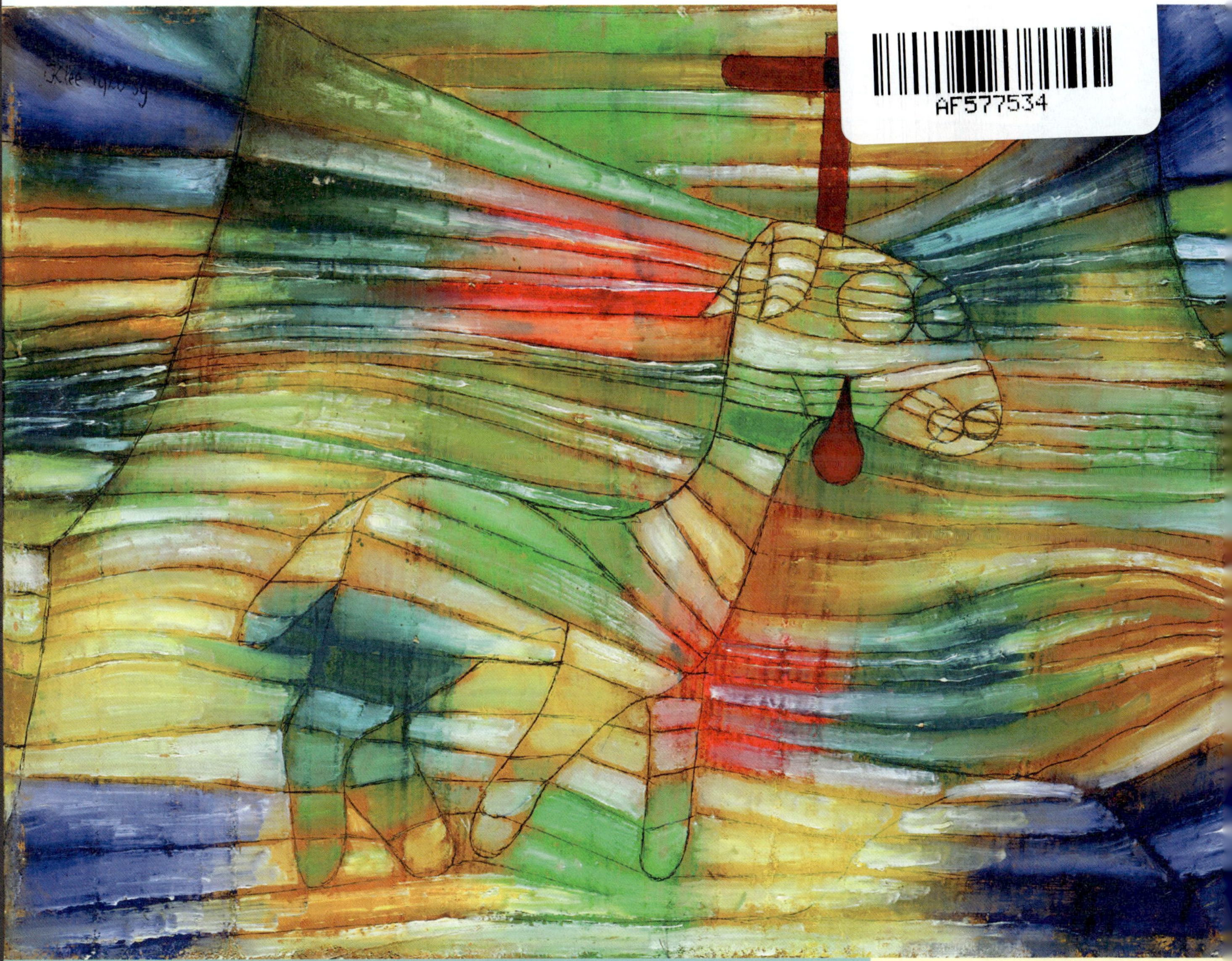

- Aufgaben und Projekte zum Leben und Werk des Künstlers
- Hochwertige Abbildungen und prägnante Sachtexte
- Ein Schulmalbuch

Für alle Schulstufen und Unterrichtsformen

www.kohlverlag.de

Paul Klee

... Anmalen und weitergestalten

2. Auflage 2024

Idee & Text: Eckhard Berger
Grafische Gestaltung: Eckhard Berger
Satz: Kohl-Verlag
Fotos: Archiv teamberger, AdobeStock.com
Druck: Elanders Druck GmbH, Waiblingen

Bestell-Nr. 12 710

ISBN: 978-3-98558-096-5

bpk-Bildagentur
(70319514 bpk - DeAgostini - New Picture Library - M. Carrieri, S.11;
50092107 bpk - Bayrische Staatsgemäldesammlung, S.14;
70111518 bpk - Kunstsammlung Nordrhein-Westfalen, Düsseldorf, S. 16;
70218071 bpk - Scala, S. 17;
00024347 bpk - Nationalgalerie, SMB - Jörg P. Anders, S. 18;
70122051 bpk - Staatsgalerie Stuttgart, S. 19;
00030089 bpk - Hamburger Kunsthalle - Elke Walford, S. 23;
00021880 bpk, S. 24;
70317589 bpk - DeAgostini - New Picture Library - G. Nimatallah, S. 25)
Städel Museum Frankfurt am Main
(CC BY-SA 4.0 Städel Museum, Frankfurt am Main, Titelfoto, S. 9, 12, 13, 15, 21, 22, 30, 31)

Bildquellen (alle AdobeStock.com):

Otto Durst; autofocus67; Frank Krautschick; Mara Zemgaliete; Animaflora PicsStock; Fiedels; holger.l.berlin; Mattoff; Ben; womue; SASITHORN; Zarathustra; Sina Ettmer

Inhalt

PAUL KLEE
Anmalen und weitergestalten – Bestell-Nr. 12 710
KOHL VERLAG

Paul Klee - Anmalen und weitergestalten gehört zu der neuartigen Schulmalbuchreihe, die als Schülerarbeitsbuch oder als Kopiervorlagenwerk einsetzbar ist. Sie führt konzeptionell innovativ und genial einfach direkt in das Leben und in das Werk der großen internationalen Künstler aus Vergangenheit und Gegenwart ein. Schülerinnen und Schüler aller Klassen und Schulformen erwerben begeistert Wissen, malen Bilder farbenprächtig an und gestalten sie ideenreich weiter. Mit fantastischen Ergebnissen belohnen sie sich und werden schnell Kunstexperte. Lehr- und Lerneffizienz sind garantiert.

Paul Klee, ein einzigartiger Maler und Grafiker, schuf fast 10.000 fantastische Bilder. Sein Werk zeigt den Einfluss mehrerer Kunstrichtungen, zum Beispiel Kubismus, Konstruktivismus, Surrealismus und Expressionismus. Noch heute übt es einen enormen Einfluss auf die moderne Kunst aus. Paul Klee war ein großer Bewunderer der unbefangenen Kunst von Kindern. Er liebte es, mit Formen, Farben und Techniken zu experimentieren. Mit Musik stimmte er sich oft auf seine künstlerische Arbeit ein. Er arbeitete als Professsor an der Düsseldorfer Kunstakademie und am Bauhaus in Weimar und Dessau, bis ihn die Nationalsozialisten vertrieben. Die letztten Jahre verbrachte er in der Schweiz, bis er an einer unheilbaren Hautkrankheit starb.

Paul Klee - Anmalen und weitergestalten beinhaltet viele prägnante Texte und hochwertige Abbildungen. Alle Aufgaben, die sich in jedes beliebige Format kopieren lassen, sind sorgfältig ausgewählt und erprobt. Sie können chronologisch als Reihe oder beliebig einzeln als Haupt-, Ergänzungs-, Vertiefungs- oder Nebenthema in allen Kunstunterrichtsformen inner- und außerschulisch eingesetzt werden. Auf Grund ihres hohen Selbsterklärungs- und Aufforderungscharakters ist eine Unterrichtsvorbereitung (fast) nicht notwendig. Nach einer kurzen Einführung starten die Schülerinnen und Schüler. Hauptarbeitsmittel sind neben dem Bleistift die Farbstifte (Faser-, Filz- oder Buntstifte). Auf größeren Formaten kann mit Tuschfarben gearbeitet werden.

Viel Freude und Erfolg wünschen bei dem Einsatz des Schülerarbeitsbuchs und Kopiervorlagenwerks **Paul Klee - Anmalen und weitergestalten** der

Kohl-Verlag und 

Paul Klee

Der Maler und Grafiker Paul Klee, geboren am 18. Dezember 1879 und gestorben am 29. Juni 1940, war musikalisch hochtalentiert. Trotzdem entschied er sich auch gegen den Wunsch seiner Eltern für die künstlerische Laufbahn. Anfangs unterstützte ihn seine Frau Lily finanziell durch ihren Verdienst als Klavierlehrerin. Er lernte viele bedeutende Künstler der modernen Kunst kennen, war Mitglied der bekannten Gruppe **Blauer Reiter**, lehrte am Bauhaus und als Professor an der Düsseldorfer Kunstakademie und machte mit seinen Künstlerfreunden August Macke und Louis Moilliet eine Tunesienreise, die ihn zu vielen fantastischen Gemälden und Zeichnungen anregte. Später schikanierten ihn die Nationalsozialisten sehr und verboten ihm, als Lehrer und Künstler zu arbeiten, sodass er in die Schweiz zog. Als er an einer gefährlichen Hautkrankheit starb, hatte er beinahe 10.000 Bilder in einem einmaligen und vielfältigen Stil geschaffen.

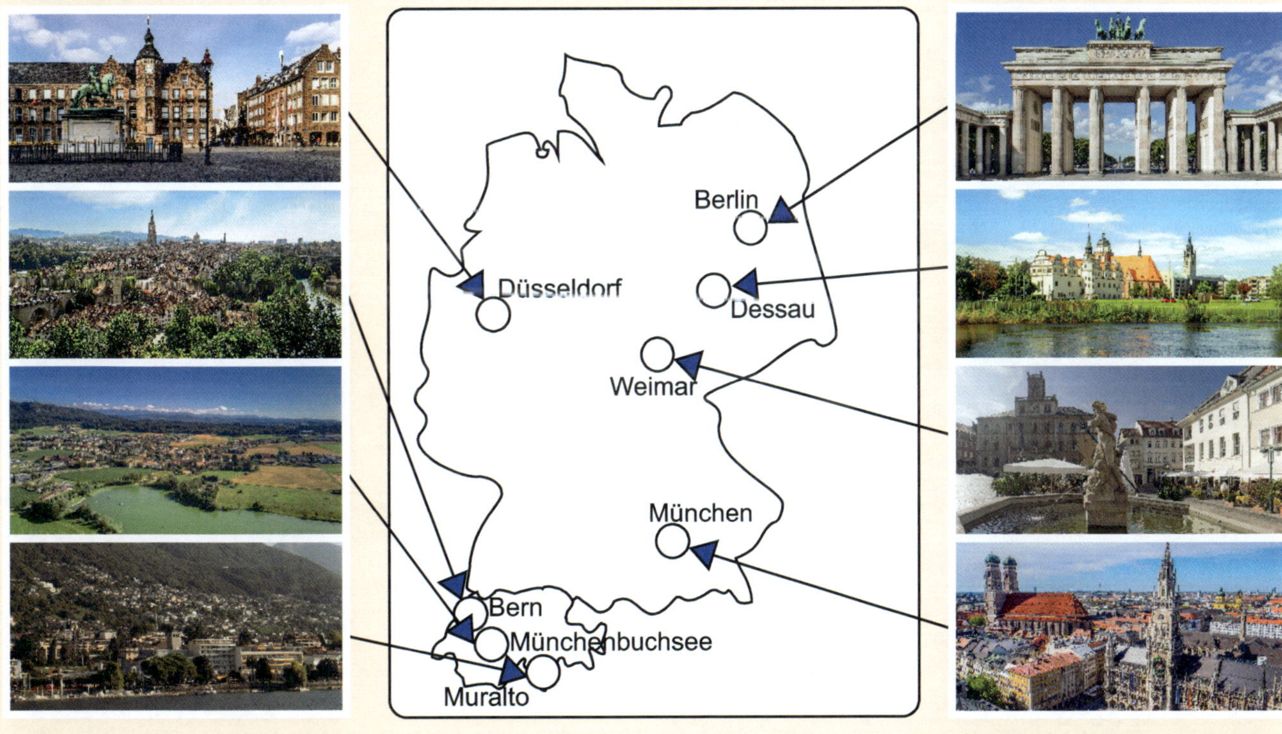

Schaue dir die Landkarte mit den Orten und Ländern an, wo er sich aufhielt. Finde sie im Atlas und erfahre dazu mehr in diesem Buch. Male Deutschland gelb, die Schweiz orange und die Orte rot an.

Paul Klee signierte seine Werke so:

Schreibe deine Signatur daneben.

PAUL KLEE
Anmalen und weitergestalten – Bestell-Nr. 12 710

Die Nachzeichnung des Autors im Rahmen zeigt dir, wie der Künstler sich 1919 porträtierte. Er nannte sein Bild **Versunkenheit. Erkläre den Titel. Zähle gemeinsame Merkmale mit der Darstellung im Foto auf. Male das Bild an und schaue dir das Original im Internet an. Klebe anschließend ein Blatt Papier an und zeichne den Künstler in deinem Stil.**

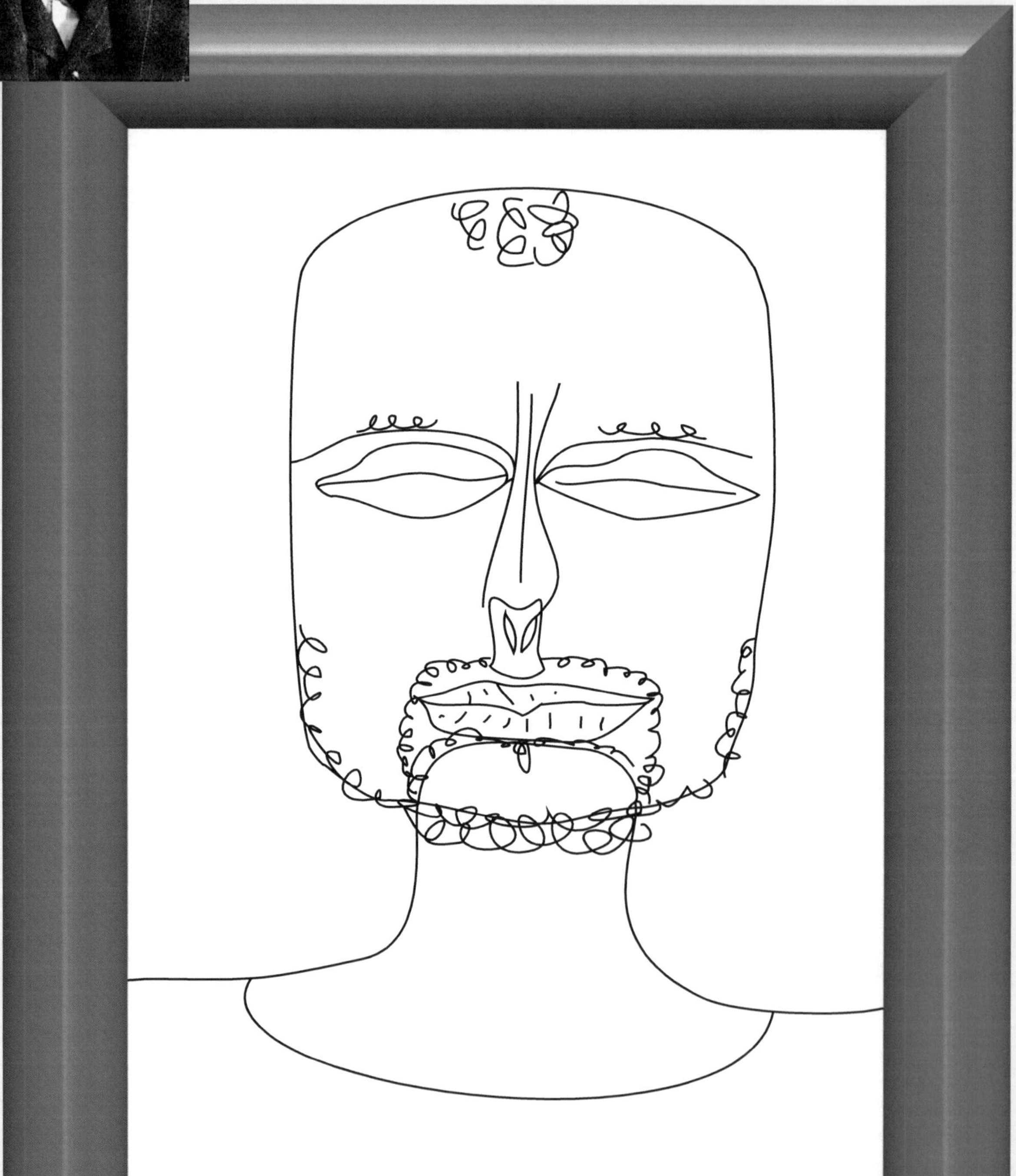

KOHL VERLAG
PAUL KLEE
Anmalen und weitergestalten – Bestell-Nr. 12 710

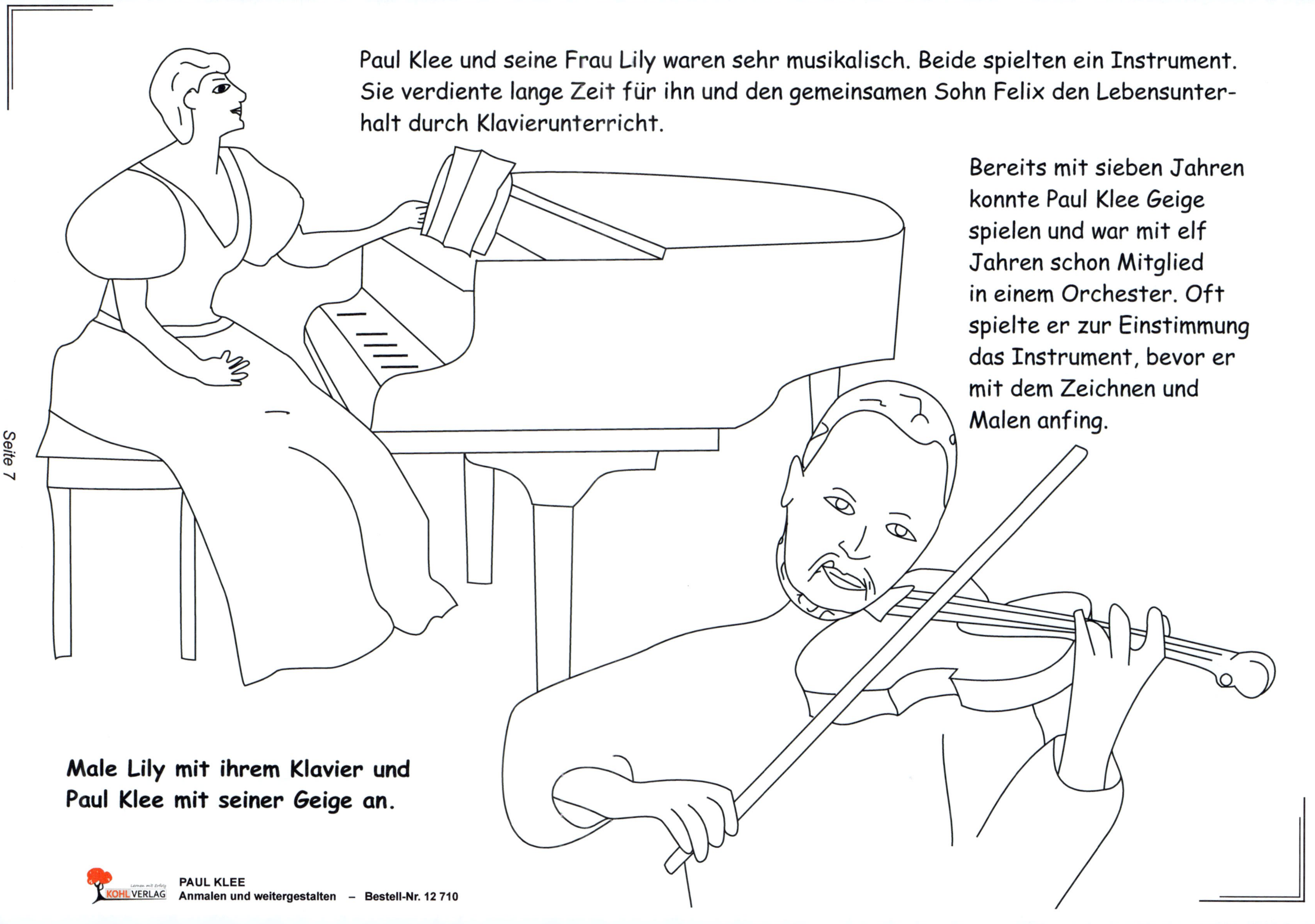

Paul Klee und seine Frau Lily waren sehr musikalisch. Beide spielten ein Instrument. Sie verdiente lange Zeit für ihn und den gemeinsamen Sohn Felix den Lebensunterhalt durch Klavierunterricht.

Bereits mit sieben Jahren konnte Paul Klee Geige spielen und war mit elf Jahren schon Mitglied in einem Orchester. Oft spielte er zur Einstimmung das Instrument, bevor er mit dem Zeichnen und Malen anfing.

Male Lily mit ihrem Klavier und Paul Klee mit seiner Geige an.

Franz Marc
Blaues Pferd
1911

Paul Klee begegnete sehr vielen bedeutenden Künstlern, interessierte sich für ihr Werk und nahm von ihnen Einfluss an. 1911 schloss er sich der von **Wassily Kandinsky** und **Franz Marc** gegründeten Gruppe **Blauer Reiter** an. Er bewunderte Franz Marc, der besonders gerne Tiere in unwirklichen Farben malte und Blau mochte. **Zeichne das Pferd aus seinem Bild auf der Strichlinie nach und male es an.**

1914 reiste Paul Klee mit **August Macke** und **Louis Moilliet** nach Tunesien, um neue Anregungen zu finden. Nach seiner Rückkehr schuf er mehrere abstrakte Bilder. Hier siehst du ein Beispiel, **Tannenwald** (1914). Es wirkt mit den Stämmen und Zweigen wie ein Stoffstück aus Farbfeldern, Rechtecken und kurzen Strichen. **Male wie er einen Tannenwald mit Pinseln und Tuschfarben auf einem Zeichenblockblatt.**

PAUL KLEE
Anmalen und weitergestalten – Bestell-Nr. 12 710
KOHL VERLAG

Er wurde auf seiner Tunisreise von seinen Freunden **August Macke** und **Louis Moilliet** begleitet. Alle malten sehr viel oder machten Skizzen. August Macke malte das Motiv **Eselreiter** (1914). **Klebe das Blatt auf die linke Hälfte eines Zeichenblockblattes und male das Bild mit Pinseln und Tuschfarben weiter.**

KOHL VERLAG PAUL KLEE Anmalen und weitergestalten – Bestell-Nr. 12 710

Paul Klees Werk zeigt den Einfluss mehrerer Kunstrichtungen und Künstler. In seinem bunten Papierbild aus Öl- und Wasserfarben, **Landschaft mit Fahnen; Häuser mit Fahnen** von 1915, sind Einflüsse des Kubismus erkennbar. **Beschreibe den Inhalt und Stil. Markiere den Ausschnitt in dem Bild. Male ihn an.**

Erweitere sein in grauer Farbe auf Papier geschaffenes Bild „Skizze Tante und Neffe“ (1915) bis zu den Blatträndern und male es an.

Paul Klee malte das Bild **Das Haus zur Distelblüte** 1919 mit Ölfarben auf Karton. Es lässt sehr viele Deutungen zu. Einige Menschen glauben, dass die stachelige Pflanze vor Pech schützt, und andere, dass sie der Ursprung des Lebens ist. **Welche wäre deine Deutung? Zähle auf, was du noch in dem Bild siehst. Schneide es auf der Strichlinie aus und klebe es auf ein Zeichenblockblatt der Größe DIN A3. Male es fantasievoll nach allen Seiten mit Pinseln und Tuschfarben weiter.**

Der Vollmond (1919) nannte er sein Bild mit dem Mond über einer geheimnisvoll und nur wenig räumlich wirkenden Landschaft. Neben Mustern und Formen kannst du noch mehr erkennen. **Zähle auf. Finde den Ausschnitt in dem Bild und markiere ihn. Zeichne auf den Strichlinien weiter und male ihn in Farben deiner Wahl an. Male einen Vollmond mit einer Landschaft in deinem Stil mit Pinseln und Tuschfarben auf einem Zeichenblockblatt.**

Viele Bilder Paul Klees regen zum Nachdenken an, zum Beispiel **Das Lamm** (1920). Hier siehst du ein gestreiftes Lamm, das sich durch eine bunt gestreifte Welt bewegt. Es ist mit ihr verbunden, da es auch Streifen trägt. Über dem Kopf befindet sich ein rotes Kreuz. Die Augen scheinen nicht zu sehen und unter dem rechten Auge löst sich ein großer roter Tropfen - vielleicht eine Träne. Das Tier wirkt wie ein Opferlamm. Ob der Künstler auf das Thema Opfer allgemein anspielen will, bleibt offen. **Was meinst du dazu?**

Zeichne dem Lamm im Bild seine Streifen und male sie passend an. Male mit Pinseln und Tuschfarben ein oder mehrere Lämmer in ihrer gewohnten Umgebung, zum Beispiel auf einer Weide.

Mit Ölfarbe und Feder entstand 1920 sein bekanntes Werk **Kamel mit rhythmischer Baumlandschaft. Entdecke das Kamel und erkläre den Titel. Vergleiche es mit dem Kamel auf dem Foto und nenne die Unterschiede. Male das Kamel an. Schneide es mit der Schere aus und klebe es auf ein Zeichenblockblatt. Male mit Pinseln und Tuschfarben wie Paul Klee eine Landschaft mit Bäumen dazu.**

KOHL VERLAG
PAUL KLEE
Anmalen und weitergestalten – Bestell-Nr. 12 710

Senicio (Baldgreis, 1922), eines seiner bekanntesten Gemälde, zeigt Einflüsse aus der afrikanischen Maskenkultur. Es stellt das Porträt einer Figur aus Dreieck, Quadrat und Kreis mit einem Kopf dar, der an einen Puppenkopf erinnert. Das scheibenartige Gesicht wirkt ernst. Der Name **Senicio** stammt angeblich von der Pflanze **Senicio vulgaris**, **Gewöhnliches Greiskraut**, und soll auf das Alter des Künstlers anspielen. Möglicherweise hat er sich hier selbst gemalt.

Zeichne die Figur bis zu den Füßen in dem Stil Paul Klees weiter und male sie an. Klebe für mehr Platz ein Blatt Papier an.

PAUL KLEE
Anmalen und weitergestalten – Bestell-Nr. 12 710
KOHL VERLAG

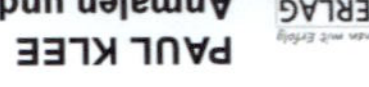

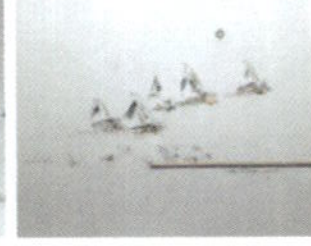
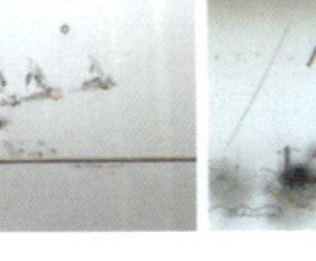
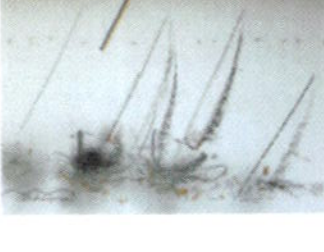

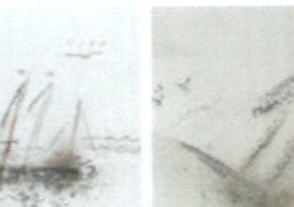

Paul Klee malte mit Öl auf Leinwand das Bild **Abfahrt der Schiffe** (1927). Eckhard Berger schuf den grafischen Zyklus **Segelimagination** (2020). **Nenne wesentliche Unterschiede zwischen den beiden Stilen. Male die Schiffe aus dem Gemälde an.**

Meinst du nicht auch, dass das Bild, das gleichermaßen Aquarell und Zeichnung ist, einer kleinen einfachen Stadt aus Bauklötzen ähnlich ist? Sofort fallen die gelbe Sonne und die darunterliegende rote Brücke auf. **Male den Bildinhalt an. Finde heraus, welches Teil fehlt und ergänze es.**

Paul Klee **Rote Brücke** 1928

Schaffe ein Kunstwerk wie Paul Klee. Orientiere dich dabei an seinem Bild „Rote Brücke" (1928). Schneide die einzelnen Formen mit der Schere aus, die du dafür brauchst. Klebe sie zu einer kleinen Stadt unter einer gelben Sonne mit einer blauen Brücke auf einem Zeichenblockblatt zusammen. Wenn du mehr Teile benötigst, zeichne sie, male sie an und schneide sie aus.

Fertige dein Paul-Klee-Puzzle aus dem Bild „Ohne Titel" (um 1938): Klebe zuerst das Bild auf ein Stück Karton oder Pappe. Schneide dann die einzelnen Teile auf der Strichlinie aus. Schon ist dein Spiel fertig.

KOHL VERLAG

Paul Klee musste wegen seines Berufsverbotes als Kunstprofessor an der Düsseldorfer Kunstakademie und als Künstler Deutschland 1933 verlassen. In Bern in der Schweiz schuf er sein Spätwerk. Bereits von Krankheit gezeichnet malte er das Bild **Ohne Titel** (Anzeichen von Wachstum, um 1937) mit den geheimen Schriftzeichen. Ihre Bedeutung ist bis heute unbekannt.

Verlängere die Tapetenrolle auf einem angeklebten Blatt Papier. Zeichne sein Bild darauf weiter. Male es an.

ankleben

PAUL KLEE
Anmalen und weitergestalten – Bestell-Nr. 12 710
KOHL VERLAG

Revolution des Viaduktes (1937) malte er mit Ölfarben auf ein Baumwolltuch als Kampfansage an die Nationalsozialisten, die ihn sehr schikanierten. Er stellte sie als mächtige Viadukte dar, die auf den Betrachter wie blind zumarschieren.

Zeichne die Viadukte auf der Strichlinie weiter und male sie an.

Tod und Feuer (1940), eine seiner letzten Arbeiten, hatte er wegen der schweren Symptome seiner unheilbaren Hautkrankheit, Hautausschläge, Gelenkschmerzen und Müdigkeit, vereinfacht mit dunklen, dicken Strichen gemalt. Du siehst eine Figur mit einem weißen Gesicht und einer Kugel in der Hand. Im Gesicht sind die Buchstaben für **Tod** zu erkennen: oP = Tod.
Zeichne das Bild weiter ab. Male es an.

Ohne Titel (Stillleben, 1940) war sein letztes Bild, bevor er starb. **Beschreibe den Inhalt. Ergänze in der Zeichnung den Engel auf der eckigen Fläche und das Blumenmuster auf der runden Tischplatte. Male alles an.**

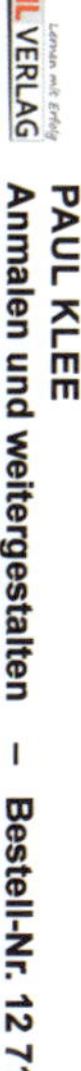

Weitere Informationen über Paul Klee

Der bedeutende Maler und Grafiker Paul Klee wurde am 18. Dezember 1879 in Münchenbuchsee in der Schweiz geboren und starb dort am 29. Juni 1940 in Muralto.
Sein Vater, **Hans Wilhelm Klee**, stammte aus Deutschland und unterrichtete an der Pädagogischen Hochschule in Bern Musik, während seine Schweizer Mutter **Ida Marie** als ausgebildete Sängerin arbeitete. Er hatte noch eine ältere Schwester, **Mathilde**.
1880 zog die Familie nach Bern. Durch die Berufe seiner Eltern konnte er seine musikalischen Fähigkeiten entwickeln, die ihn ein Leben lang begleiteten. So begann er, mit sieben Jahren das Geigenspielen zu lernen. Er besuchte die Städtische Musikschule und von 1886 bis 1890 die Primarschule. Zusätzlich interessierte ihn die Dichtung. Sein Geigenspiel wurde allmählich so meisterhaft, dass er als Elfjähriger als Mitglied in die **Bernische Musikgesellschaft** aufgenommen wurde.
Er entschied sich gegen den Wunsch seiner Eltern, eine musikalische Ausbildung zu wählen, denn er wollte Künstler werden.

Franz von Stuck
Selbstporträt des Malers und seiner Frau im Atelier 1902

Nach dem Besuch eines Gymnasiums siedelte er nach München über, um Kunst zu studieren. Da die **Akademie der bildenden Künste** ihn aber nicht aufnahm, lernte er an der privaten Schule des Landschafts- und Porträtmalers **Heinrich Knirr** und anschließend im Atelier des Symbolismus- und Jugendstilmalers **Franz von Stuck**. Sein Schwerpunkt wurde das Zeichnen. Eine Reise nach Italien und Frankreich folgte.
1900 bezog er ein eigenes Atelier.
1906 heiratete er **Lily Stumpf**, eine Pianistin, die er bereits 1899 auf einer Musikveranstaltung kennen gelernt hatte und mit der er seit 1901 verlobt war. Lily unterstützte ihn finanziell durch ihre Arbeit als Klavierlehrerin. 1907 wurde ihr gemeinsamer Sohn **Felix** geboren.
1908 wurde Paul Klee Mitglied der Vereinigung Schweizerischer Graphiker, **Die Walze**. Im gleichen Jahr stellte er in der **Münchener Secession** drei und in der **Berliner Secession** sechs Werke aus. Auch in dem **Münchner Glaspalast** war er vertreten.
1911 begegnete er **Wassily Kandinsky**, **Franz Marc** und **August Macke**. Er schloss sich der von Wassily Kandinsky und Franz Marc gegründeten Künstlergemeinschaft **Blauer Reiter** an. Mit ihr stellte er 17 grafische Arbeiten in der Münchener Galerie **Goltz** aus.

PAUL KLEE
Anmalen und weitergestalten – Bestell-Nr. 12 710

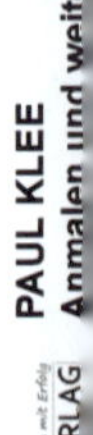

Henri Rousseau **Gewitter im Urwald** 1891 August Macke **Garten am Thuner See** 1913

Er lernte avantgardistische Künstler wie **Robert Delaunay**, **Pablo Picasso** und **Georges Braque** kennen. Er sah die Werke von **Maurice de Vlaminck**, **André Derain**, **Henri Matisse**, **Henri Rousseau** und **Karl Hofer**. In der Zeit besuchte er Delaunays Atelier in Paris und begann, mit Abstraktionen zu experimentieren. Von ihm übernahm er Anregungen zu dem Einsatz von Farben.

1914 begann er mit **August Macke** und **Louis Moilliet** eine Tunesienreise, auf der er Aquarelllandschaften der Orte Tunis (Foto links), Kairouan (Foto rechts) und Hammamet schuf.
Nach seiner Rückkehr malte und zeichnete er mehrere abstrakte Bilder auf der Grundlage seiner Erfahrungen in Tunesien.
Drei Monate nach dem Ende der gemeinsamen Reise begann der grausame 1. Weltkrieg. Bereits zu Beginn 1914 starb August Macke an der Westfront in Frankreich. Auch Franz Marc musste sein Leben bei Verdun lassen.
1916 wurde Paul Klee einberufen. Nach seiner militärischen Grundausbildung wurde er hinter der Front als Begleiter von Flugzeugtransporten und Schreiber eingesetzt. In einem außerhalb der Kaserne gelegenen Zimmer konnte er seine Mal- und Zeichenarbeit fortsetzen.
1918 erreichte er den künstlerischen Durchbruch in Deutschland. Seine Bilder wurden gekauft.
Paul Klee äußerte sich wenig zum Krieg und zur Politik. Als jedoch 1918 eine kommunistische Regierung in München an die Macht wollte, wurde er ein begeisterter Befürworter. Nach dem Scheitern des Vorhabens kehrte er in die Schweiz zurück.

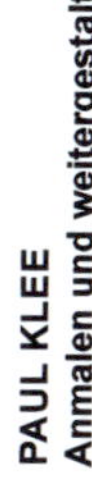

1920 wurde er eingeladen, in Weimar am **Staatlichen Bauhaus**, der Schule für Architektur und Industriedesign, zu unterrichten. Hier wurde den Studenten eine umfassende künstlerische Ausbildung angeboten. Er lehrte zehn Jahre an der Schule und zog 1925 mit ihr von Weimar nach Dessau (Foto oben links). Seine Schwerpunkte waren die Buchbinderei, Glasmalerei und Formlehre. Es entwickelte sich für ihn eine anregende Zusammenarbeit mit anderen Künstlern, zum Beispiel mit **Wassily Kandinsky**.

In dieser Zeit nahm sein Bekanntheitsgrad und die Nachfrage nach seinen Bildern ständig zu. Ausstellungen seiner Werk fanden überall in Deutschland und auch im Ausland statt. Er beteiligte sich an der großen Werkschau surrealistischer Künstler in Paris. 1923 zeigte die **Nationalgalerie** in Berlin im **Kronprinzenpalais** (Foto oben rechts) 270 Bildern von ihm im Rahmen einer Einzelausstellung.

1928 reiste er nach Ägypten, wo er viele neue Einflüsse erfuhr, die sein Spätwerk bestimmten. Die vergangene Kultur mit den Hieroglyphen faszinierte ihn. Seine nur drei Wochen dauernde Reise führte ihn von Alexandria (Foto unten links) und Kairo zu den ganz großen antiken Stätten mit ihren Pyramiden und Tempelanlagen (Foto unten rechts).

1931 folgte er dem Ruf an die Düsseldorfer Kunstakademie. Er war dort Professor mit dem Schwerpunkt Malunterricht.

Als Adolf Hitler 1933 zum Reichskanzler in Deutschland ernannt wurde, endete Paul Klees ungestörte Arbeit. Er wurde als „galizischer Jude" und „kultureller

PAUL KLEE
Anmalen und weitergestalten – Bestell-Nr. 12 710
KOHL VERLAG

Bolschewist" denunziert und seine künstlerische Arbeit wurde als „subversiv" und „verrückt" entwertet. Auch sein Haus in Dessau wurde durchsucht. Sehr bald erhielt er ein Lehrverbot. Seine Werke wurden öffentlich als **entartet** angeprangert. Noch im gleichen Jahr verließ er gedemütigt Deutschland für immer und zog mit seiner Familie nach Bern in die Schweiz. Sein Einbürgerungsgesuch wurde dort abgelehnt, weil deutsche Staatsbürger sich erst nach einem fünfjährigen ununterbrochenen Aufenthalt um das Schweizer Bürgerrecht bewerben durften.

1937 hingen in der berüchtigten Ausstellung „Entartete Kunst“ in München neben den Arbeiten hochklassiger moderner Künstler 17 Bilder von ihm. 102 seiner Werke wurden in deutschen Sammlungen beschlagnahmt und in den USA verkauft.

Zwei Jahre nach der Rückkehr in die Schweiz erkrankte er an einer Bronchitis, aus der sich eine Lungenentzündung entwickelte. Kurze Zeit später wurde bei ihm die unheilbare Krankheit **Sklerodermie** festgestellt, die die Haut und andere Organe verhärtet. Zur Erleichterung seiner Malarbeit benutzte er jetzt größere Pinsel. Seinen gesundheitlichen Zustand stellte er in seinen Bildern mit leidenden Figuren dar. Trauer, Schmerz, Belastbarkeit und die Annahme des bevorstehenden Todes kennzeichnen sein Spätwerk. Trotzdem schuf er in seinem letzten Lebensjahr noch die unglaubliche Menge von 1253 Bildern. Klee starb am 29. Juni 1940 in Locarno, noch bevor der Gemeinderat der Stadt Bern über seinen Antrag auf eine Schweizer Staatsbürgerschaft entschied. Er ist auf dem **Schlosshaldenfriedhof** in Bern beigesetzt.

Lily Klee, die Sammler **Hermann Rupf** und **Hans Meyer-Benteli** und in den Folgejahren **Felix Klee** und seine Angehörigen kümmerten sich um die zahlreichen Werke. In vielen internationalen Museen sind sie zu sehen. Eine besondere Zuständigkeit hat heute das **Zentrum Paul Klee** in Bern (Foto) für den Nachlass. Vielen Künstlern ist und bleibt Paul Klee ein großes Vorbild.

Abschlusstest

1. Schreibe in die Lücken.

   Paul Klee wurde im Jahr ______ in ______________________________

   geboren und starb im Jahr ______ in ____________________________ .

2. Zähle die Namen der beiden Maler auf, bei denen er Unterricht hatte.

   ____

3. Unterstreiche die richtigen Begriffe.
   Paul Klee schloss sich der Gruppe **Blauer Reiter/Grünes Pferd** an, lernte avantgardistische Künstler wie **Andy Warhol/Pablo Picasso** kennen und begann **1954/1914** eine **Tunesienreise/Russlandreise** mit **August Macke und Louis Moilliet/ Paula Modersohn-Becker und Frida Kahlo**.

4. Setze den richtigen Namen ein.

   Seine Frau hieß ____________________.

5. An welchen Einrichtungen unterrichtete er?

   ____

6. Nenne den Bildtitel und die Entstehungszeit.

   ____

   ____

7. Warum verließ er 1933 Deutschland?

   ____

   ____

   ____

Lösungen

1. 1879 in Münchenbuchsee, 1940 in Muralto

2. Heinrich Knirr, Franz von Stuck

3. Blauer Reiter, Pablo Picasso, 1914, Tunesienreise, August Macke und Louis Moilliet

4. Lily Klee

5. Bauhaus in Dessau und Weimar, Düsseldorfer Kunstakademie

6. **Das Lamm**
   1920

7. Beschimpfung und Gedemütigung, Hausdurchsuchung, Lehrverbot und Erklärung und Anprangerung seiner Kunstwerke als entartet durch die Nationalsozialisten

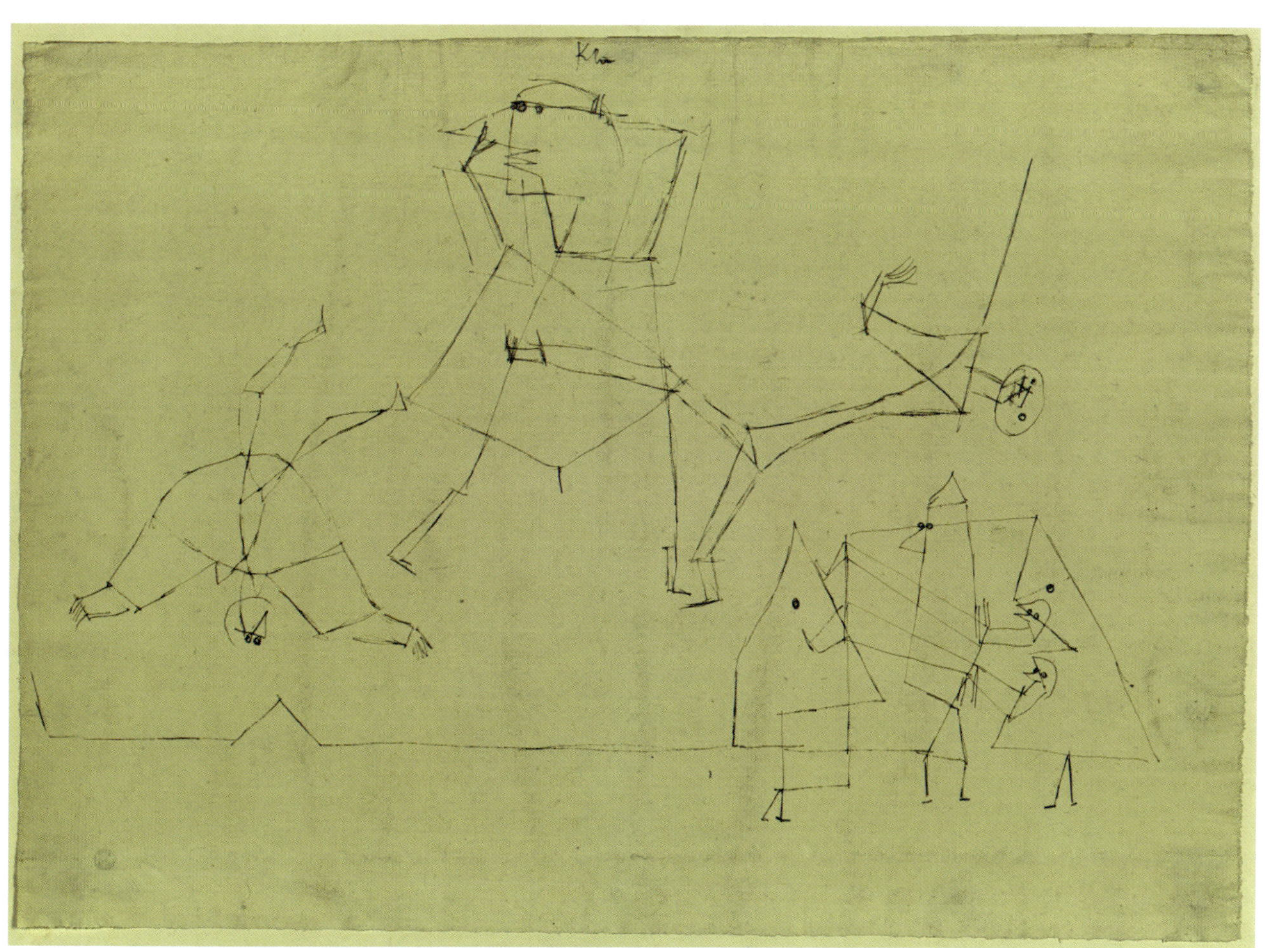

Paul Klee **Zwei Gruppen** 1929

PAUL KLEE
Anmalen und weitergestalten – Bestell-Nr. 12 710

Autor

www.teamberger.de teamberger@web.de

Eckhard Berger

Autor, Künstler, Designer, Kunsthistoriker und Kunstreferent

- Geboren am 06.06.1951
- wohnt und arbeitet in Brake/Unterweser
- Kunst-, Pädagogik-, Psychologie- und Soziologiestudium, Universität Oldenburg
- Seit 1987 internationale Kunstausstellungen, Events und Kooperationen mit Künstlern, Galerien und Kulturinstitutionen
- Moderne Grafik, Skulpturen, Kunstkonzepte, Schmuck- und Möbeldesign
- Design der Freizeitmodekollektion ***Segelimagination*** (www.redbubble.com)
- Werke im privaten und öffentlichen Besitz
- Grafikeditionen für Liebhaber und Sammler
- Gründung der Aktion ***Kunst hilft***, *Bilderspenden für wohltätige Organisationen und Hilfs- und Umweltprojekte*
- Innovative Förderkonzepte für Kinder und Jugendliche
- Autor von neuartigen Praxisbüchern für den modernen Kunstunterricht in Deutschland, Österreich und der Schweiz, andere Fachbereiche (Psychologie, Wahrnehmung, Kreativität und Ernährung) und für die Freizeit
- Kooperation und gemeinsame Bücher und Publikationen mit der Autorin Barbara Berger
- Vorträge zu populären Pädagogik-, Psychologie-, Kunst-, Kunstpädagogik-, Kunstgeschichts- und Kreativitätsthemen
- Mitwirkung in TV- und Kinofilmen

Über 100 Bücher aus dem Kohl-Verlag verfügbar, u.a.

Farbtopf (Vorschule, GS)
Kunterbunte Farbtopfgeschichten (Vorschule, GS)
Kunststarter (Vorschule, GS)
Konzentrieren können (Vorschule, GS)
Zeichnen können, 4 Bände (Vorschule, GS)
Schwungübungen (Vorschule, GS)
Bunte Farbe (GS)
Kunstwerke für Schulen, 3 Bände (GS)
Kunst fachfremd unterrichten (GS)
Entspannungsmalen (GS)
Kunst in Kürze (GS)
Buchstaben- und Zahlengeschichten (GS)
Zahlen (GS)
Buchstaben (GS)
Kinder fit fördern, 3 Bände (GS)
Kinderkunstland (GS)
Bildstarke Geschichten (GS)
Emmas Kunstentdeckungen, 2 Bände (GS)
Kunst in 3 Niveaustufen (GS)
Anmalen & Weitergestalten für kleine Künstler (GS)
Freies Kreativzeichnen (GS)
Kunstwerke entdecken und anmalen (GS)
Kompetenzförderung Rätseln, zeichnen & anmalen (GS)
Kompetenzförderung Geschichten lesen, zeichnen & anmalen (GS)
Kompetenzförderung Wahrnehmen, sich konzentrieren, zeichnen & anmalen (GS)
Kunstbonbons, 5 Bände (GS)
Kreatives Gedächtnistraining (GS)
Vertretungsstunden Kunst (GS)
Vincent van Gogh - Anmalen und weitergestalten, Schulmalbuch, 24 Bände mit Claude Monet, August Macke, Paul Cézanne, Ernst Ludwig Kirchner, Camille Pissarro, Lucas Cranach, Jan van Eyck, Jean-François Millet, Henri Rousseau, Caspar David Friedrich, Paul Klee, Gustav Klimt, Der Blaue Reiter, Paula Modersohn-Becker, Pieter Bruegel, Paul Gauguin, Albrecht Dürer, Rembrandt, Édouard Manet Leonardo da Vinci, Edgar Degas, Henri de Toulouse-Lautrec, Franz Marc, Jan Vermeer, Peter Paul Rubens, Georges Seurat, Gustave Courbet, Vincent van Gogh, Pierre-Auguste Renoir, Paul Klee (GS, SEK)

Superleckere Smoothies, 2 Bände (GS, SEK)
Superleckere Smoothies und Shakes (GS, SEK)
Anmalen und Weitergestalten für kleine Künstler (GS,SEK)
Kunstgeschichte für Kinder (GS, SEK)
Farbe - Komplette Theorie im modernen Kunstunterricht (SEK)
Design - Moderner Kunstunterricht in der Sekundarstufe (SEK)
Moderne Kunst, 3 Bände (SEK)
Künstler in die Klassen, 3 Bände (SEK)
Kunstwerke für Schulen, 3 Bände (SEK)
Kunst in Kürze (SEK)
Kunstauge (SEK)
Kunst COOL, (SEK)
Kunsttipp & Co, 3 Bände, (SEK)
Kunstknaller, 2 Bände (SEK)
Logikrätsel Kunst, 2 Bände (SEK)
Kreuzworträtsel Kunst (SEK)
Emmas Kunstentdeckungen (SEK)
Wir werden Kunstprofi, 2 Bände (SEK)
Kunst fachfremd unterrichten (SEK)
Entspannungsmalen, 2 Bände (SEK)
Internationale Gegenwartskunst (SEK)
Kunst in 3 Niveaustufen (SEK)
Freies Kreativzeichnen (SEK)
Raum und Perspektive (SEK)
Die Kunstepoche Impressionismus (SEK)
Die Kunstepoche Expressionismus (SEK)
Die Kunstepoche Realismus (SEK)
Kreatives Gedächtnistraining (SEK)
Große Kunstgeschichte, 2 Bände (SEK)
Kunstquizzer (SEK)
Vertretungsstunden Kunst (SEK)
Kreative kurze Kunstprojekte (SEK)
Moderne Kunst, 3 Bände (SEK)
Kunstthema Landschaft (SEK)
Kunstthema Alltag (SEK)
Kunstthema Porträt (SEK)
Kunstthema Stillleben (SEK)
Die große Graffitischule (SEK)